Deutsche Erstausgabe 2017

Siebenschläfer

Text: Marvin-Werner Graf

© Illustrationen: Helena Sophie Klein

Umschlaggestaltung: Helena Sophie Klein

Herstellung und Verlag:
BoD - Books on Demand, Norderstedt
ISBN 978-3-7448-1975-6

Vorwort

Ein dahergelaufener Kerl. Der ist nichts besonderes. Er ist einfach da. Will gar nicht auffallen. Beobachtet einfach. Und schreibt das auf. Lies.

Und dann denk. Denk weiter und dann lies.

Und dann denk nicht das, was ich denke, sondern denke das, was du denkst. Den Rahmen gebe ich. Das Bild malst du.

Be like Kafka.

Denkfehler

Nackt liegt Sie im Bett.
Hollywoodmäßig sind die Haare in alle Richtungen ver-
teilt.
Liebevoll betrachte ich jedes einzelne Körperteil.
Die Luft knistert als sich unsere Blicke treffen.
Im Spiegel blitzt es auf.

Stich.

Ein Spiegel kann nur sehen, nicht aber erinnern.

Ein Spiegel kann nur sehen, nicht aber erinnern.

Christiania

Geld
Geld fließt
Geld fließt umher
Geld fließt aus deiner Tasche.
Geld
Geld verschwindet
Geld verschwindet von Tasche zu Tasche.
Geld
Geld füllt
Geld füllt seine Tasche
Kein Geld in meiner Tasche.

Geld verschwindet - von Tasche zu Tasche.

Siebenschläfer

In einer Stadt voller Menschen bist du der,
der nur am Fenster sitzt.
Schlürfst Kaffee, der dir nicht schmeckt.

– *Du weißt nicht wie guter Kaffee schmeckt* –

Und liest Bücher die dir nicht gefallen.
Strampelst mit dem platten Fahrrad zu Party,
wo du eh keinen kennst.
Aber Hauptsache du hast die alte, stinkende, braune
Aktentasche dabei um Worte einzufangen.
Du kannst die Sonne so oft anschauen wie du willst,
sie scheint überall gleich.

Du kannst die Sonne so oft anschauen wie du willst,
sie scheint überall gleich.

Von Kaffee und Bohnen

Aus dem Boden entsprungen.

Dem Himmel entgegen gestreckt.

Gebräunt durch die Sonne.

Abhängen im Warmen; wie am Palmenstrand mit Hänge-
matte.

Braun neben grün.

Schwarzen Kräften entrissen.

Geparkt neben gleichgesinnten.

Eingeengt von Land zu Wasser, ohne seekrank zu werden.

Von Hand zu Hand gereicht; wie die Nutten in Amster-
dam.

Eingetütet und stillstehend; auf den großen Auftritt war-
ten!

Verschifft, gemahlen und gepresst.

Nochmal gepresst.

Nach der Verteilung – als einer von vielen – gut riechend

und schmeckend verschlungen.

Damit irgendwo anders wieder verschlungen werden

kann.

Um anderen zu helfen aus dem Boden zu entspringen.

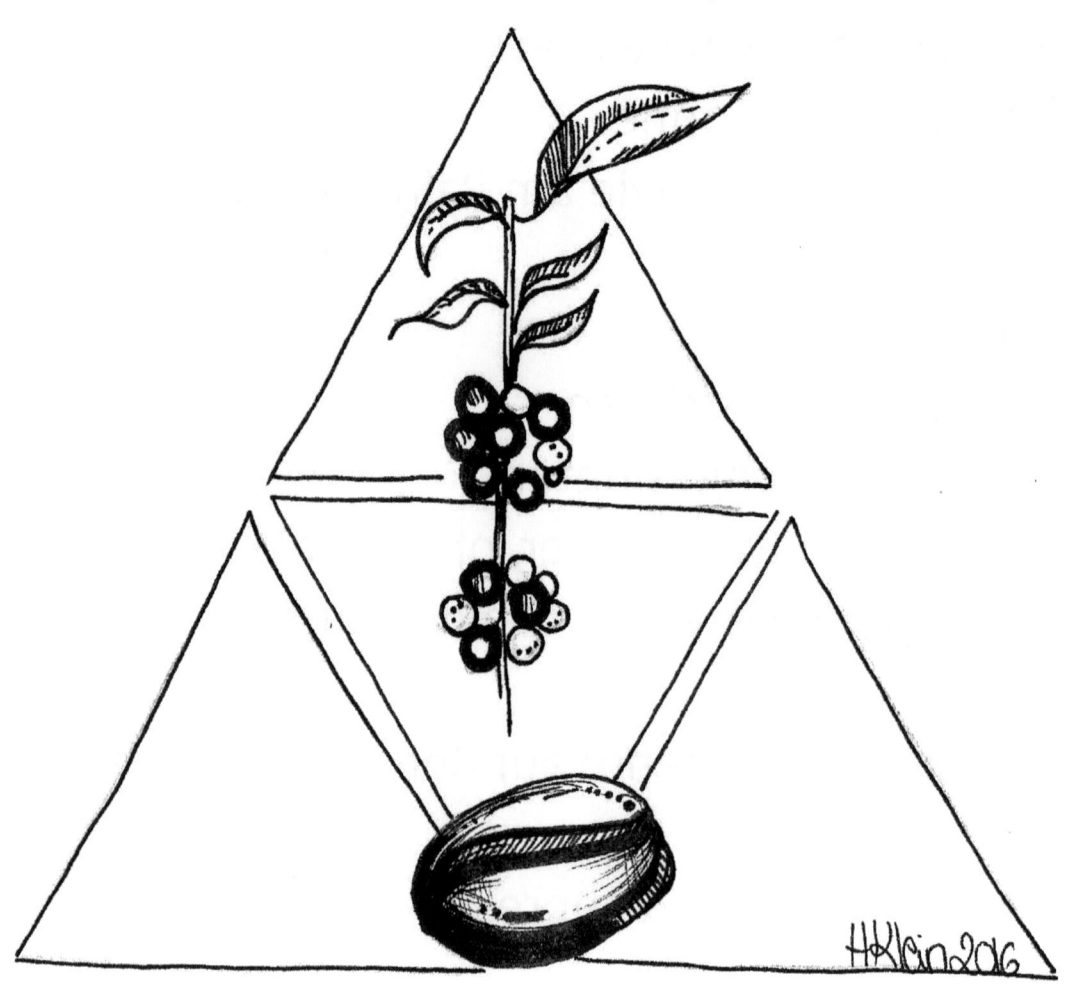

Damit irgendwo anders wieder verschlungen werden kann.

Der Obdachlose

Er steht wie jeden Tag an der Bushaltestelle.
Auch heute halten die selben Wartenden mit ihm Wache.
Der siebte Bus trennt sie jedoch voneinander.
Er spannt seinen durchlöcherten Regenschirm auf.
Um ihn herum bleibt alles trocken.
Der Schirm ist nicht gegen den fallenden Regen.
Die alltägliche Routine lässt ihn sich wieder auf die Bank
setzen.
Von dort aus schaut er in das Fenster hinein und denkt an
die vergangen Tage, die niemals waren und auch so nie
wieder kommen werden.

Schaut man genau hin, erkennt man den hauchfeinen Riss
auf seiner Lippe.

Lautlos lächelt er.

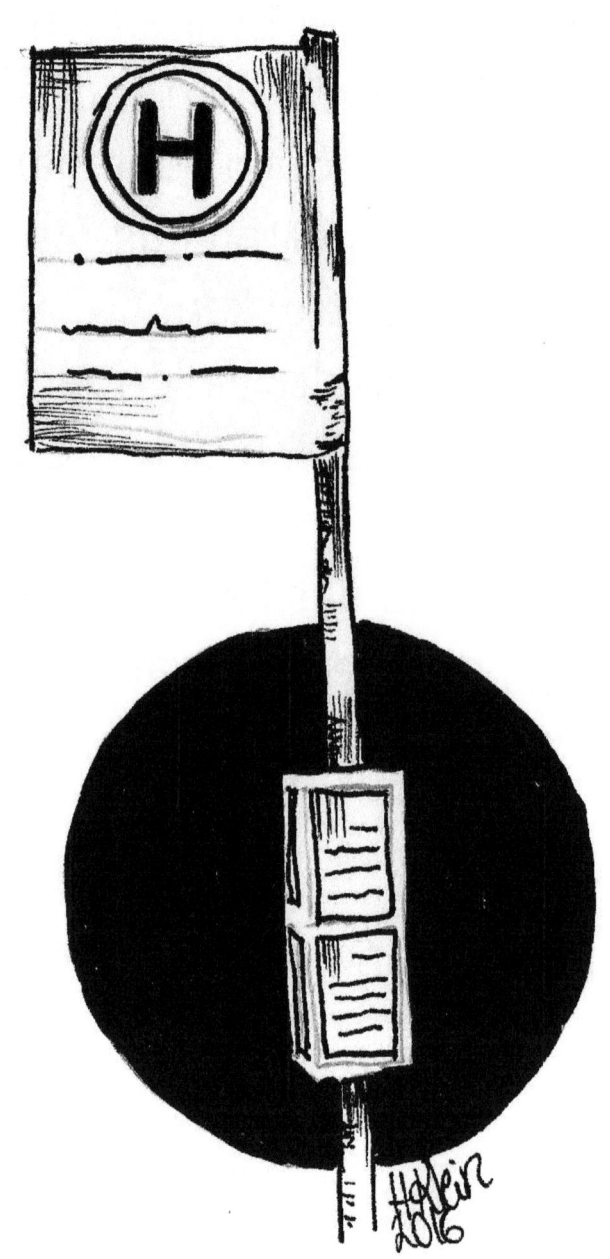

Schaut man genau hin, erkennt man den hauchfeinen Riss auf seiner Lippe.

The Interview

- Hast du nicht heute dein Vorstellungsgespräch?

- Ja, ich weiß aber nicht was ich anziehen soll...

- Zieh 'nen Clownskostüm an und gib dir Tiernamen.

Die interessiert eh nicht wer du wirklich bist.

Zieh 'nen Clownskostüm an und gib dir Tiernamen. Die interessiert eh nicht wer du wirklich bist.

Von dir
über dich

Was würdest du machen, wenn ich dir jedes Geschenk
der Welt schenken würde?

Was würdest du mit einem Stift aus Blei und einem Block
Papier machen? Über wen würdest du schreiben?

Welche Geschichte aus deinem Leben muss der Mensch-
heit hinterlassen werden?

Würdest du einen Apfel essen, der nach Frühling
schmeckt?
Wie schmeckt dein Frühling?

Willst du mir deine Hand geben und mit mir spazieren
gehen?

Willst du einen Pulli von mir haben?

– Er wäre auch geschenkt!

Was willst du deinen Kindern erzählen?

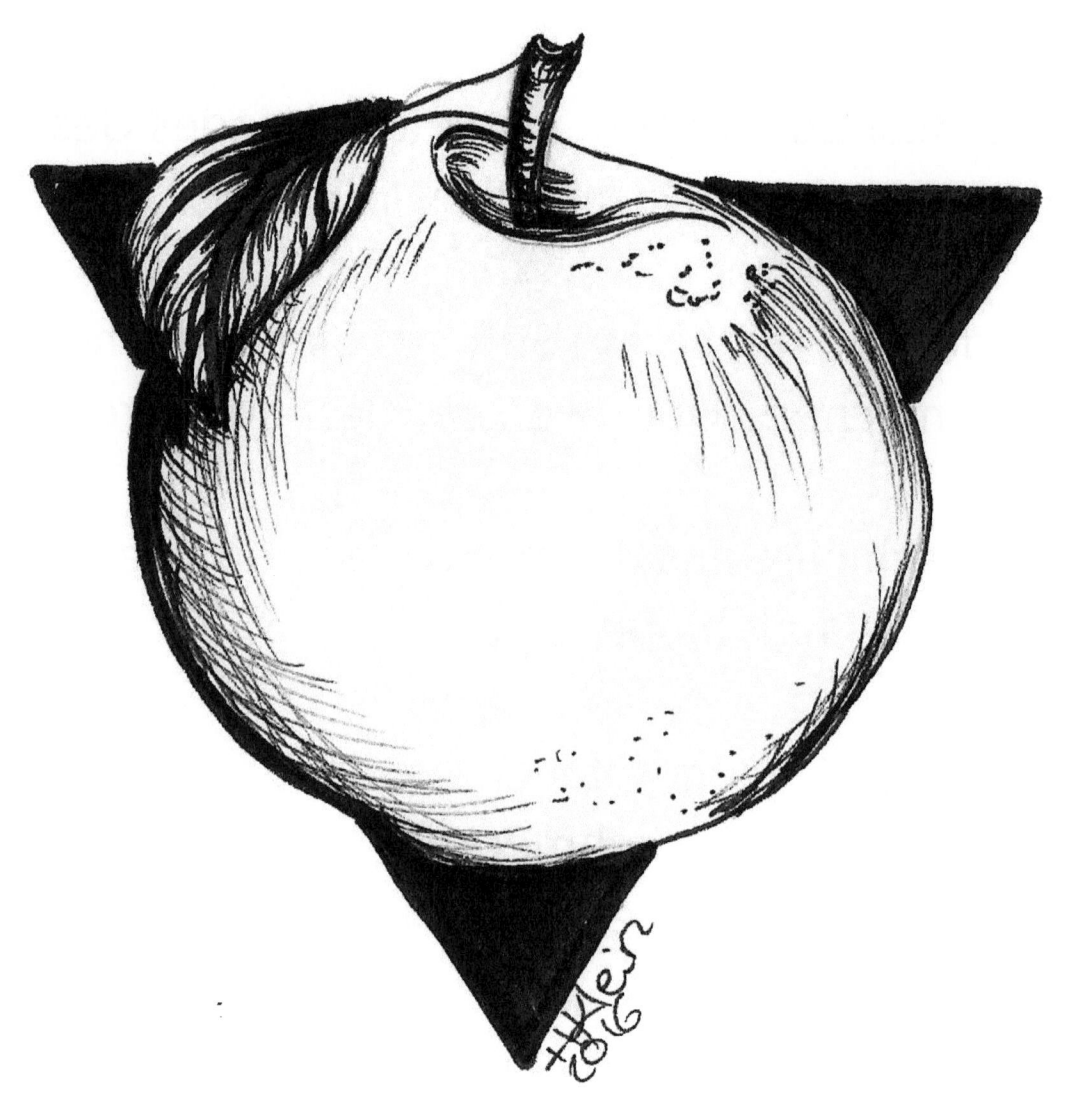

Würdest du einen Apfel essen, der nach Frühling schmeckt?

Hand in Hand

Nun steh ich hier, ich armer Thor...

Ach halt doch dein Maul, FAUST.

Schüttle lieber die dir entgegengestreckte Hand!
Doch die Tür bleibt zu.
Niemand steht mit der Ausgestreckten da.
Kein Einarmiger und auch kein Zweibeiniger.

Und mit sich selbst einzuschlagen ist doch affig.

Ach halt doch dein Maul, FAUST.

Tankstelle

Die Geldbörse wieder leer.
Kein Gold und Kupferstück in den Ritzen.
Zuhause warten Mutter und Kind mit hungernden
Mägen.
Willkommen im Mittelalter. Wo Kutschen mit Autos
getauscht werden.
Wo Nudeln Brot ersetzen.
In dem, anstatt dem Schwert, die Wirtschaft den Kampf
der Mächtigen austrägt.

Nur der Hunger, der bleibt hungrig.

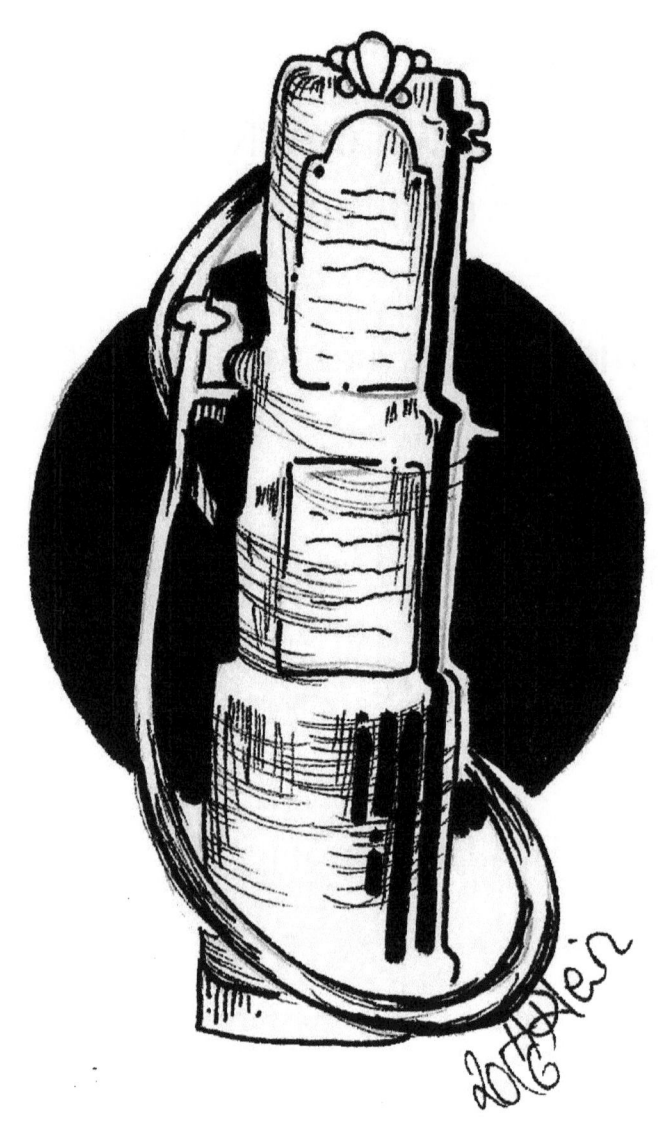

Nur der Hunger, der bleibt hungrig.

Er sabberte und plapperte

Im vollbefleckten Unkraut regt er sich. Streckt er sich zum Licht hoch raus. Seine Nachbarn schaut er an. Aber er mustert sie nicht. Wackelt den linken und den rechten Arm aus der Hüfte und betrachtet sich im Glitzerlicht. Über die um-ihn-rum-Wohnenden späht er auf die um-ihn-rum-Wohnenden um die rum Wohnenden. Freunde finden wird er hier vermutlich nicht. Zumindest rein äußerlich. Lächeln kann er hier trotzdem. „ Was von außen faulig ist, kann von innen saftig und genießbar sein", denkt er sich. Oder Sie? – Na das ist doch vollkommen egal!

Genüsslich schmatzend – doch ohne Essen zu genießen – vergäbt er seine Füße – Wurzeln – im dunklen Neonlicht der Mutter Erde.

„Ich fühle mich hier wohl – Hier will ich bleiben!", schreit er mucks-mäuschen-still in die Welt hinaus.

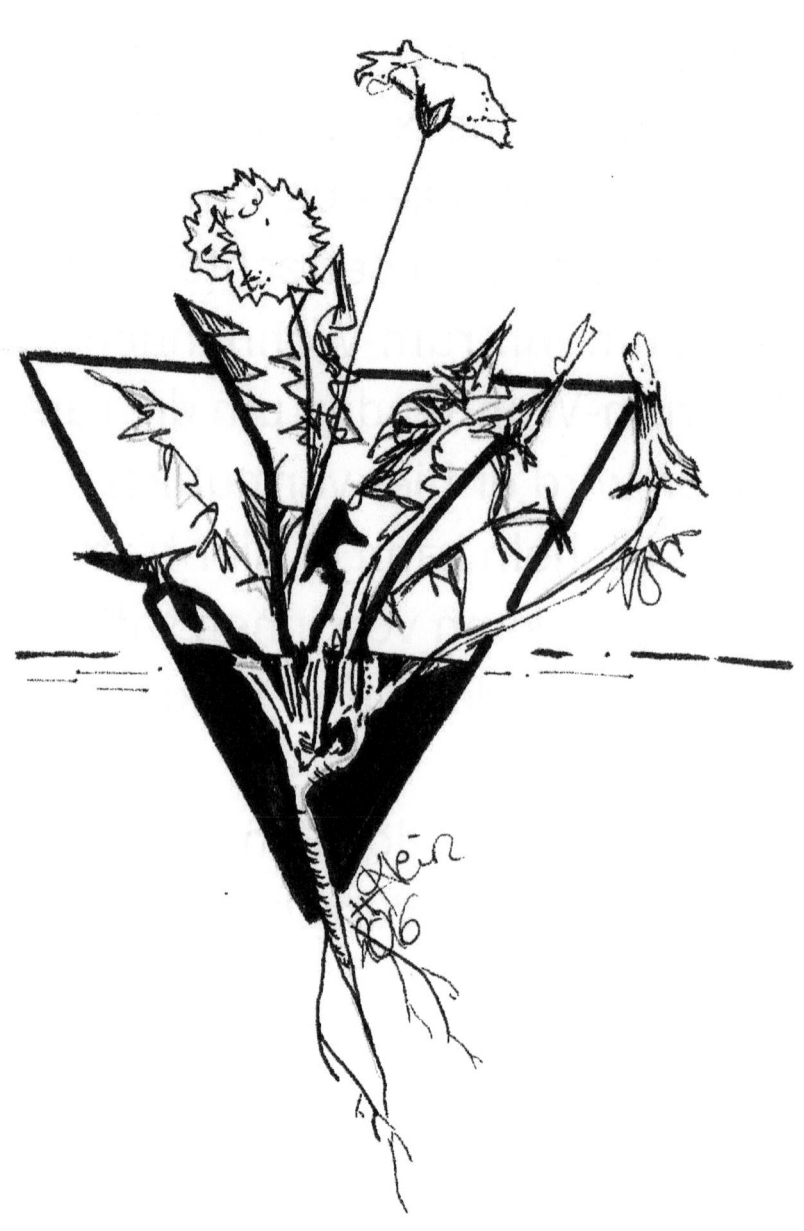

Im vollbefleckten Unkraut regt er sich.

Leben und gelebt lassen

Sieben Tage Regenwetter und trotzdem lachst du der Sonne entgegen. Die Welt muss auch mal so gesehen werden wie sie nicht ist.

Luftschlösser sind auch erlaubt, denn das Leben hat mehr als nur acht Blickwinkel. Nimm jemanden an die Hand und geh' mit ihm nach Hause. Von da aus raus in die Welt. Wohin?

Grand, fucking big Canyon mit Klappstuhl und Gitarre.

Grizzly(song) gucken. Denn manchmal sind die gesagten Worte nur halb so viel wert wie gezeigte.

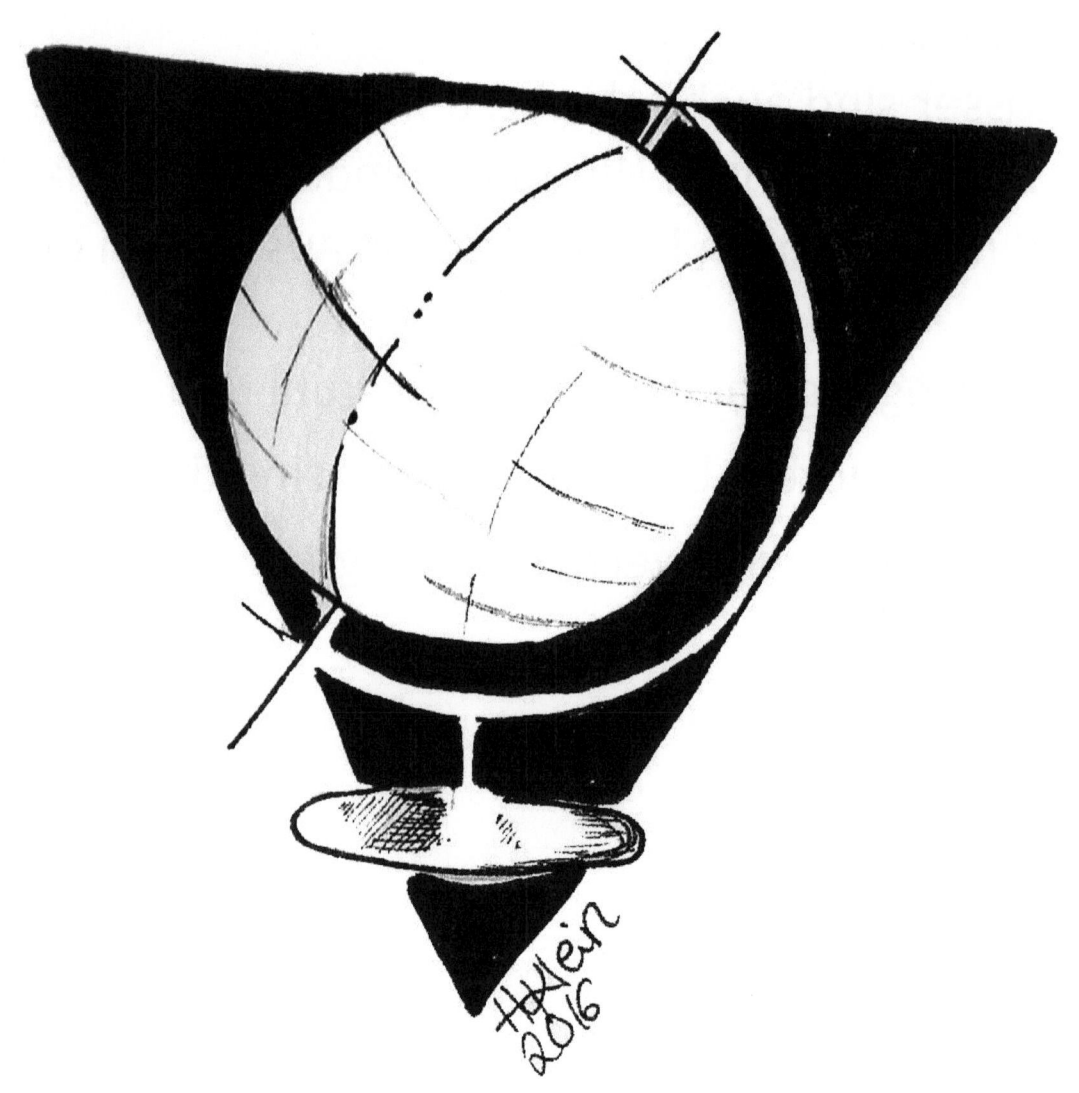

Die Welt muss auch mal so gesehen werden wie sie nicht ist.

Du malst drei Bilder um die Welt zu vereinen.
Doch hängst sie so auf,
dass drei Kontinente unverbunden bleiben.
Du willst die Welt nicht vereinen.
Wieso sonst
hast du
dann drei
und nicht ein
Bild
gemalt?

Hammer und Nagel

Du malst drei Bilder um die Welt zu vereinen.

Basket

Du sitzt im Sattel. Nicht fest wie auf einem …

Eher so:

„Lose! Frei!", würden die Einen sagen.

„Unsicher!", die Anderen.

Wieder den selben Weg. Dein Gedächtnis.

Bilder voller Erinnerung.

Schöne!

Weniger schöne.

Wärme und Kälte!

Sachlich und emotional.

Familie! Friedliche Vergangenheit.

Ein Obstkorb ohne Obst!

Wie ein Fahrrad ohne Lenker. Nur die Segel setzt du selbst.

Und das Rad? – Es dreht sich weiter; wie eine Spindel.

Dein Rad. Immer weiter. Rauf und wieder runter.

Du sitzt im Sattel.

Und rein damit.

Das stinkende Schöne,
im Glanze erblickend.

Und es ruckelt und dreht sich.
Und dreht und dreht und dreht sich.

Und Stopp!
Menschen gucken!

Schönheit!
Ich brauche keine Waschmaschine,
um benutztes wieder schön zu machen...

Waschbalkon

Ich brauche keine Waschmaschine,
um benutztes wieder schön zu machen...

Es grünt um uns herum.
Es zwitschert um uns herum.
Und es blüht. Oder eher gesagt: Es blühte!
Denn wir haben schon die Früchte.
Auch das Licht. Es ist sehr hell.
Aber doch ist all' das nur künstlich.
Nur Plastik.

Doch eins ist <u>natürlich</u>!
- Die Freundschaft
Und das Bier.
Radler und normal.

Auf den Dächern der Welt

- Die Freundschaft
Und das Bier.

Ich gebe einen Fick auf Politik.

Ich gebe einen Scheiß auf Literatur.

Es ist der Mensch.

Atme ihn ein.

Atme ihn aus.

Aber nicht ganz. Damit immer ein Teil in Dir drin bleibt.

Du musst studieren! – Ach leck' mich doch.

Du bist schuld.

Du bist an allem Unheil dieser Generation schuld.

Weil Du nur an dich denkst.

Weil Du Egoist bist.

Weil Du erst Dir was gutes tust, bevor Du das Gute mit anderen teilst.

Denkst nur an Dich, dann an die anderen.

Gibt es Leichen.

Über die Du drüber steigen musst.

Herzlichen Glückwunsch.

Arbeiten gehen

Du bist an allem Unheil dieser Generation schuld.

Ich komme in dieser Welt nicht an. Also ich bin schon drin.
Aber irgendwie auch nicht.
– Eher so: Sex mit Kondom.
Es nagt an mir. Nicht von innen nach außen.
Eher wie Ratten.
Ratten, die langsam an deinen Seiten nagen.
Nicht schmerzhaft genug um es dauernd zu bemerken.
Aber nicht schmerzfrei genug um zu vergessen.

Sie: „Wie geht's dir?"
Ich: „Mir geht's gut. Glaub mir das. Ich bin ein besserer
Mensch. Ich mag die Welt, so wie man es verlangt. Mir
geht' es gut. So wie jedes Jahr."

Ich glaube nur, ich kann das besser.

I'll be good

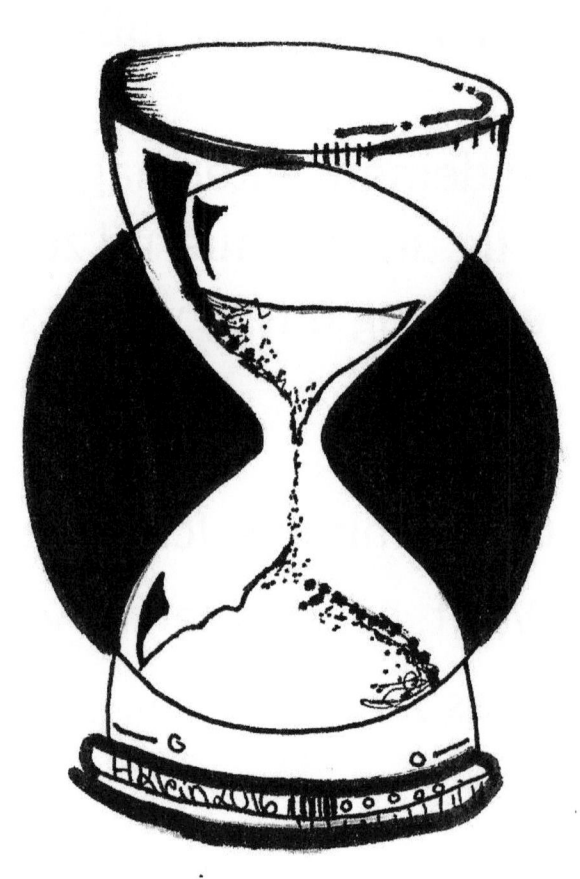

– Eher so: Sex mit Kondom.

Der Elch.
Steht da.
Auf lichter Wiese.
Muskeln aus Blei.
Schmeckt hängend über dem Kamin.
Stößt dickköpfig gegen den Stamm. Mit geballter Kraft.
Bis der Baum fällt.
Und er sich ein Baumhaus baut.

Hörner abstoßen

Und er sich ein Baumhaus baut.

Einleitung:

Er hängt in der Luft. Die Füße ohne Halt.

Hauptteil:

Dabei war doch alles so perfekt geplant. Von den Großen!
Die Autobahnschilder des Lebens. Aber wenn du sie nicht
lesen kannst? Er hat das Alphabet im Tafel-Kreide-Haus
gelernt. Aber das Blau kann er nicht lesen. Dabei hat er
doch geglaubt die Welt empfängt ihn mit Scheinwerfern.
Jeder würde ihn mit Küssen und Händeschütteln empfan-
gen. Lasst mal an uns selber glauben. Julia Engelmann.

Schluss:

Die Menschheit denkt so einiges, wenn sie im Glauben
ihrer selbst ist.

Galgenmännchen

Die Füße ohne Halt.

Von Politik und Philosophie

Mister Kant und Herr Trump sitzen an´nem Tisch.

Spontan und unverhofft.

Der Eine bestellt Hoffnung. Der andere verlangt die Rechnung.

Mister K. sagt: „Denke!" Mister T. antwortet: „Folge!"

Der eine kann wählen. Der andere hat Macht.

Er betrachtet das Meer. Es befindet sich auf der Koppel, beschützt von Scheuklappen.

Wer hört und wer spricht?

Beide sind Geschichte.

Du kannst dich an sie erinnern, wenn du deinen Teller leerst.

Alles verlangt eine Gegenleistung, frag mal Pépinot.

Nimm einen Apfel.

Es befindet sich auf der Koppel, beschützt von Scheuklappen.

Eine Frage aus dem Publikum

Ein Theaterstück. Du führst Regie. Ich die Philosophie.
Nur wir beide. Minimalistisch. Ohne großes Trara!
Gestik.
Mimik.
Sprache.
Mit Betonung.
Tiefe Stimmen.
Nur wir beide.
Schreien uns an. Nehmen uns in den Arm.
Nur wir beide.
Halten uns die Hand. Verbeugen uns.
Lächeln.
Spotlight. Vorhang auf.

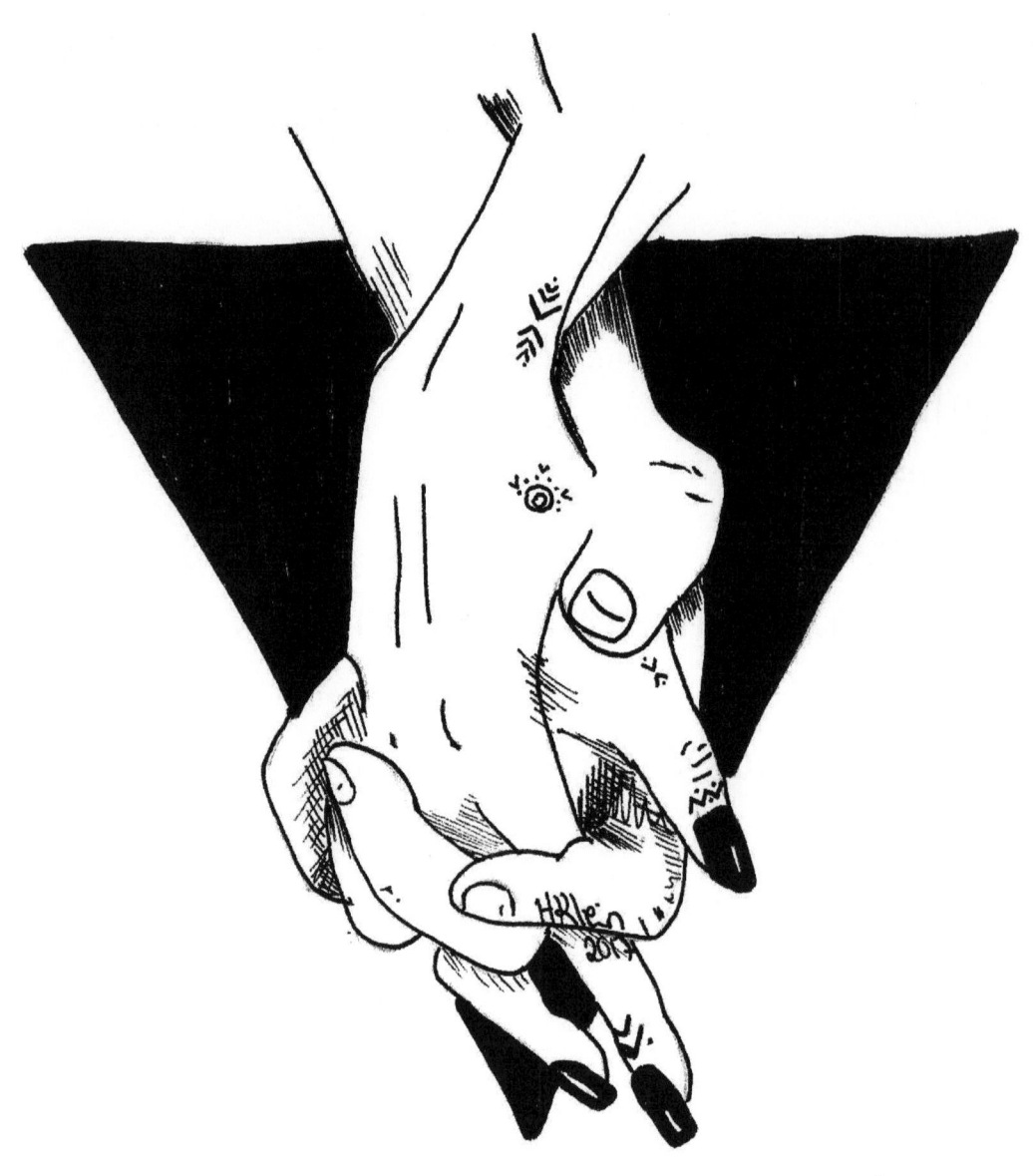

Halten uns die Hand. Verbeugen uns.

Sonne, Mond und Sterne

Papa?

Mh?

Ist noch viel zu früh um schlafen zu gehen...

Du willst wirklich wieder diskutieren?
Na gut, ein Vorschlag: Du erzählst mir eine Geschichte –
die mit der Taube – und wir sparen uns das Diskutieren!

Von der Wiese aus, dem – endlich wieder – saftigen Grün,
hört, riecht und schmeckt man die Vergänglichkeit. So
sieht man auch von unten her das Fenster. Die Taube, den
Käfig und dahinter den Vorhang. Fühlt sie sich unbeo-
bachtet, werkelt sie hartnäckig an Schloss und Riegel. Die
Menschen sind so laut in ihren stinkenden Fahrzeugen.
Von der Taube nichts mehr zu sehen. Das Drumherum hat
seinen Reiz verloren, die Suche nach der Taube ist viel zu
wichtig. Doch sie enttäuscht mich nicht und kommt. Mit
seidenweißen Gefieder zurück und verriegelt das Gitter
wieder hinter sich.

Ach Papa, ich liebe diese Geschichte. Die Taube weiß ein-
fach wo sie hingehört.

Die Taube weiß einfach wo sie hingehört.

Danksagung

Danke an die Rewe-Supermarkt-Verkäuferinnen. Ihr lächelt immer zurück.

Danke an die Frau von der Mensaria und ihrem veganen Brötchen, das sehr lecker war.

Danke an Herrn Alli und an Herrn Gatoah und an jegliches gleichnamiges Reptil.

Danke an Schaf mit zwei Punkten, zusätzlich er und die Persönlichkeit dahinter.

Danke an den Kapitalismus.

Danke an Papa, der so toll Liebe mit Mama gemacht hat.

Danke an Mama, die brütete und schlüpfen lies.

Danke an Kopenhagen mit den schönen Kaffees.

Danke für Espresso.

Danke für gute Gespräche, mit jedem von euch.

Aber am meisten Dank an Frau Klein. Ohne sie wäre nicht dies.